AF316350

PROJET DE RECONSTRUCTION

A M. BRAC DE LA PERRIÈRE.

Vous avez proposé, Monsieur, au nom du Conseil de fabrique,
la reconstruction de notre église, sur un autre emplacement.
Nous avons exprimé un avis différent, et le Conseil municipal
de Ste-Foy, a rejeté vos propositions. Irrité de cet échec, vous
avez publié un écrit plein d'erreurs, d'assertions inexactes et d'in-
jures. En relevant les unes et méprisant les autres, nous obser-
verons les bienséances dont vous vous êtes écarté, à l'égard de
deux octogénaires, contemporains de votre père.

Il est inutile de rappeler les discussions qui ont eu lieu
pendant dix ans au sein du Conseil de fabrique dont nous étions
membres. Dans l'origine, il ne s'agissait que de l'aggrandisse-
ment de l'église; plus tard, on parla de sa reconstruction sur
l'emplacement qu'elle occupe.

La résolution en fut prise dans la séance du 9 mars 1859, sur
le vu d'un plan d'église dressé par M. l'architecte Pupier, dans
les dimensions de 34 mètres sur 14. La délibération rédigée
d'avance, fut lue et adoptée. Vous dites qu'elle fut seulement
prise en considération; il eût été plus exact de convenir de son

1860

adoption, sauf à la majorité du Conseil de fabrique, modifiée par l'introduction d'un nouveau membre, à la rapporter, si elle eût jugé à propos de le faire.

Au mois de juillet suivant, vous soumîtes à la Fabrique un autre projet consistant à acquérir de M. Gerin, au prix de 20,000 fr. deux parcelles de sa propriété contiguë à l'église, l'une située à l'est, d'environ 500 mètres pour étendre l'emplacement de la reconstruction projetée ; l'autre d'environ 4,000 mètres, pour y construire un presbytère.

A cette époque, toutes les ressources de la Fabrique se bornaient à une épargne de 5,000 fr. La proposition était hors de proportion avec nos moyens ; nous déclarâmes que nous ne pouvions y adhérer et que nous préférions nous retirer du Conseil, plutôt que de concourir, même passivement, à son adoption.

Après notre retraite, votre proposition qui n'était plus contredite, fut adoptée, par délibération du mois d'août, que vous passez sous silence.

Nous faisons remarquer qu'en accueillant vos vues, le Conseil de fabrique a reconnu la suffisance de l'emplacement communal, accru de la parcelle contiguë, pour la construction d'une nouvelle église et que si le projet d'acquisition avait pu se réaliser, vous n'auriez pas pensé à reporter la construction sur un autre terrain.

Après avoir échoué dans ce projet qui a été l'origine de notre dissentiment, vous avez conçu et formulé un projet tout différent, dans deux délibérations des 22 décembre 1859 et 15 avril 1860, dont la dernière seule a été soumise au Conseil municipal.

Vous avez proposé à ce Conseil : 1º d'approuver la vente que vous avez consentie, au nom du Conseil de fabrique, à M. Gerin, le 15 février, du terrain où est l'église de la Mulatière, au prix de 9,000 fr. ; 2º d'acquérir au nom de la commune, au prix de 12,750 fr., un terrain de 3,239 mètres, faisant partie du clos de M. Maurié, dont ce propriétaire vous a passé vente, le même jour 15 février ; 3º d'acquérir de la Compagnie du Chemin de fer, une parcelle de 320 mètres située entre le clos

Maurié et la route impériale, à la condition *de ne pouvoir y élever aucune construction et de ne pouvoir demander aucune indemnité pour les mouvements qui peuvent survenir sur ce terrain situé au-dessus du tunnel du Chemin de fer, par suite du passage souterrain.*

Sur ces propositions, le Conseil municipal de Ste-Foy a pris le 5 août 1860, une délibération ainsi conçue :

Le Conseil municipal, considérant sur la première proposition, que le Conseil de fabrique a commis un excès de pouvoir en aliénant le terrain communal où est l'église de la Mulatière et en disposant du prix ; que cette aliénation est d'autant plus vicieuse qu'elle a été faite sans publicité, ni concurrence, sans estimation, ni autorisation préalables ; qu'à l'administration municipale seule appartient l'attribution de proposer la vente du terrain dont il s'agit, s'il cessait par la suite d'être affecté à la destination qu'il a reçue par l'érection d'une église succursale ;

Qu'il n'y a aucun motif de changer cette destination sur laquelle ont dû compter les propriétaires qui ont fait les fonds de l'achat primitif du terrain et de la construction ; qu'elle doit au contraire être religieusement respectée ;

Que le prétexte d'insuffisance n'est nullement justifié ; qu'en effet le terrain communal contient 1,128 mètres carrés (depuis, la mensuration du voyer le porte à 1186 mètres), qu'il est facile d'y asseoir une église ayant 480 mètres, surface triple de celle de l'église actuelle ; ce qui est clairement démontré par le plan qu'en a dressé M. l'architecte Pupier, plan qui a été présenté au Conseil ; qu'en admettant l'utilité d'un emplacement plus vaste, il y a possibilité de l'étendre, par l'acquisition de la parcelle de terrain qui le joint à l'est, contenant environ 500 mètres.

Que l'emplacement dont la commune est en possession réunit toutes les convenances ; qu'il est à peu près horizontal, facilement accessible de toutes parts, et propre à recevoir une grande construction, sans travaux extraordinaires.

Qu'enfin, si contre le vœu du Conseil, la Fabrique persiste sans nécessité à proposer un autre emplacement, il y aurait lieu d'examiner s'il ne convient pas à la commune de conserver l'église actuelle, pour l'affecter, avec une modique dépense, à un service public tel que l'école primaire.

Considérant sur la deuxième proposition, que le terrain dont l'acquisition est proposée dans le clos Maurié n'est pas propre à une construction d'église, de l'est à l'ouest à cause de l'inclinaison et de l'élévation du sol où elle aurait lieu.

Cet emplacement que la Fabrique a dit former un plateau est au contraire fortement incliné à l'est. Dans l'étendue de l'église projetée, l'inclinaison est de plus de quatre mètres. Cette différence de niveau rendrait nécessaire des substructions coûteuses. Le sol de l'édifice étant dominé à l'ouest par un terrain supérieur, il serait indispensable de déblayer ce terrain à plusieurs mètres de distance.

La hauteur de l'emplacement au-dessus du niveau de la grande route, est de plus de 18 mètres; dans l'état actuel, l'élévation à pic est de 14 mètres. Pour gravir la montagne, la Fabrique propose deux moyens d'ascension ; un escalier qui devrait se composer de 116 marches et un chemin à lacets, pour voitures, à un dixième de pente, qui devrait, pour racheter une différence de niveau de 18 mètres, avoir un développement de 180 mètres (1).

Ce chemin a été projeté à 3 mètres de largeur, ce qui serait impraticable pour les voitures ; les contours des lacets, à la pente indiquée, exigeraient de 6 à 8 mètres.

Les défauts du local proposé sont tels que l'accès en serait très-difficile et pénible, et que la dépense de construction serait doublée par les travaux extraordinaires dont l'on ne pourrait se dispenser, tels que les mouvements de terre, les murs de clôture, l'escalier de plus de cent marches, le chemin à lacets, les murs de terrassement, le déblaiement du terrain supérieur etc., sans y comprendre les dépenses éventuelles.

Parmi ces dépenses, on peut indiquer celles qui peuvent résulter de la nature du sol qui compose le coteau. Les possesseurs des propriétés qui y sont situées ont reconnu une zone de sable qui, dans le clos de madame Maréchal, a deux fois glissé sur sa base et renversé les murs de terrasse. Le clos Maurié étant contigu à celui de la dame Maréchal, le même accident peut y survenir. Le Conseil de fabrique a dit s'être assuré de la solidité du sous-sol, mais son assertion n'offre aucune sécurité, en présence du fait notoire que celui de la dame Maréchal a subi, en peu d'années, deux mouvements, qui chaque fois ont entraîné la ruine de ses murs de terrasse.

Enfin les projets du Conseil de fabrique ne peuvent être examinés et appréciés, sous les rapports de l'art et des finances, puisqu'il n'a été soumis ni plans réguliers, ni devis estimatifs, ni ses délibérations y relatives rappelées dans celle du 15 avril, ni l'état de ses ressources et des souscriptions recueillies.

(1) A la date de la délibération, le deuxième projet du chemin tracé par l'agent voyer n'était pas connu.

Considérant sur la troisième proposition que la parcelle de terre appartenant à la Compagnie du Chemin de fer, située entre la grande route et le clos Maurié, est située sur le tunnel de ce chemin et a subi de tels mouvements que l'on a été obligé de démolir les maisons construites au-dessus; que le défaut de solidité du sol a porté la Compagnie à stipuler, en cédant ce terrain, que l'on ne pourrait y élever aucune construction ; que cette condition ne permettrait pas d'y élever même des murs de terrassement ; que d'ailleurs les motifs qui font rejeter l'acquisition du terrain Maurié s'appliquent à la parcelle du chemin de fer.

Considérant que les auteurs des propositions ont fait dire, dans une pièce présentée et signée à domicile par quelques habitants, que l'accès de *la nouvelle église serait bon et convenable* à tous égards ; mais que cette assertion est démentie par l'inspection de l'emplacement proposé, par le grand nombre de marches à gravir, et par le développement qu'exigerait un chemin à lacets, circulant dans un espace étroit et devant s'élever par dix rampes au lieu de cinq, à la hauteur de 18 mètres.

Considérant que d'après les circonstances et les motifs ci-dessus exprimés, il serait dangereux et imprudent, de la part de l'Administration municipale, de s'engager dans une entreprise mal conçue, dont les difficultés sont certaines et les dépenses seraient énormes ; que si le Conseil de fabrique avait des ressources suffisantes pour l'exécuter à son compte, l'Administration n'aurait pas moins le droit et le devoir d'en démontrer les défauts et les vices, et qu'elle est d'autant plus intéressée à le faire que la dépense des travaux ordinaires ou extraordinaires restant à la charge de la commune, obligerait de recourir à des impôts excessifs.

Délibère à l'unanimité, qu'il ne convient, sous aucun rapport, à la commune d'accueillir, soit la proposition de vente du terrain communal, soit les propositions d'achat de terrains faites par le Conseil de fabrique de l'église de la Mulatière. »

Il résulte de cette délibération, que le Conseil municipal n'entend pas vendre l'église de la Mulatière et le terrain qui en dépend; qu'il n'entend pas non plus acquérir, au nom de la commune, les terrains que vous lui avez indiqués.

Ces deux résolutions ne sont pas susceptibles de réformation. Le corps délibérant représentant l'universalité des habitants peut sans doute contracter des ventes ou des acquisitions, avec l'autorisation de l'Administration supérieure, mais nous ne connaissons aucune loi ni acte du gouvernement qui l'oblige à souscrire des contrats que le Conseil municipal déclare ne pas lui convenir

Il ne reste qu'une demande à instruire, c'est celle du Conseil de fabrique tendante a acquérir pour son propre compte les terrains de M. Maurié et de la Compagnie du chemin de fer.

Il a été procédé le 13 août, par M. le Maire d'Oullins, délégué, à une enquête administrative, sur vos propositions de vente ou d'achats.

Nous nous y sommes présentés pour en démontrer les inconvénients ; d'autres habitants au nombre de huit, s'y sont aussi présentés dans le même but.

Pour les appuyer, il ne s'est présenté personne, si ce n'est les cinq membres de la fabrique, une autre partie contractante et son proche parent.

M. le Maire de Sainte Foy, a produit la délibération municipale du 5 août comme l'expression de l'opinion générale de ses administrés. Ceux-ci ayant connaissance des graves motifs qui y sont exprimés, ont cru inutile d'y ajouter leur adhésion individuelle.

Les fabriciens se sont prévalus comme preuve du vœu de tous les habitants de la succursale, d'une déclaration présentée par eux-mêmes à domiciles, et revêtue de 120 signatures. Hors les personnes intéressées, aucun n'a paru à l'enquête. Nouvelle preuve de la différence que l'on doit faire, entre les déclarations librement exprimées devant le magistrat, et de simples signatures données par complaisance !

En appelant le public à apprécier et juger le mérite des propositions des fabriciens, ce n'est pas à eux que s'adressait l'administration. Elle connaissait leur délibération du 15 avril, et leurs motifs amplement développés.

Vous qui invoquez souvent devant les tribunaux l'application des règles du droit, vous n'ignorez pas qu'on ne peut être ni *juge ni témoin* dans sa propre cause. Vous demandez que l'autorité approuve les contrats que vous avez consentis et même promis d'exécuter, sous peine d'indemnité pécuniaire. Vous êtes parties contractantes et intéressées; vous ne pouviez donc ni témoigner ni juger, dans votre intérêt.

M. Gerin, accompagné de M. Piegay, son parent, était dans le même cas ; il a accepté la vente que vous lui avez consentie le 15 février, de la propriété communale; il s'agit de savoir si ce contrat est avantageux à la commune. Que vient attester M. Gerin dans l'enquête ? qu'il convient à la commune de l'accepter. *Vous êtes orfèvre, M. Josse:* M. Gerin est sans doute un homme honorable, mais il voudra bien permettre que, dans une affaire qui parait l'intéresser vivement, la commune ne l'accepte pas pour juge de ce qui lui convient.

Passons au fond des questions et tâchons de les préciser clairement.

Il y a dans les propositions des fabriciens, deux sortes de contrats, une vente et deux achats.

Ils demandent 1° l'approbation de la vente par eux consentie du terrain où est l'église de la Mulatière, et 2° l'autorisation d'acquérir, pour leur compte, les terrains de M. Maurié et de la compagnie du chemin de fer.

I.

La première suppose que la fabrique a la propriété de l'église succursale et du terrain qui en dépend ; vous soutenez que ce terrain n'est point la propriété de de la commune.

Ce n'est pas ici l'intérêt communal que nous défendons, c'est l'application des lois, ce sont les intentions des fondateurs. Si l'on ne considère la question que sous le rapport de l'intérêt, la commune serait intéressée à répudier le titre de propriétaire, car ce genre de propriété ne donne aucun produit et impose au contraire des charges. Des considérations d'un ordre plus élevé ont déterminé le législateur à attribuer aux communes la nue propriété des églises et presbytères.

Après la loi du 18 germinal, an 10, des doutes s'élevèrent sur ce point ; mais il furent levés et la loi interprétée par deux avis du Conseil d'Etat, en date des 3 nivose et 2 pluviose an XIII, en ce sens que les églises et presbytères des paroisses conservées appartiennent aux communes et non aux fabriques. les premiers avis ont été confirmés par un 3e du même Conseil, du 3 novembre 1838, et par un grand nombre de décisions particulières (1)

Le Conseil municipal pendant deux ans après l'érection de l'église de la Mulatière en succursale, refusa d'en avouer la propriété, croyant par erreur s'affranchir des charges qu'elle lui imposait, mais mieux informé des dispositions impératives soit de l'art. 92 du décret du 30 décembre 1809, soit de l'art. 30 de la loi du 18 juillet 1837, il consentit à ouvrir au budjet un crédit de 400 fr. pour indemnité de logement au desservant ; ce qu'il a continué de faire depuis 18 ans.

Il a de plus reconnu que la commune doit contribuer soit aux réparations de l'église, soit à sa reconstruction, en cas d'insuffisance des revenus de la fabrique. Ainsi, il vota, il y a quatorze ans, la somme de 1,000 francs pour réparations, et on lit dans deux délibérations des 10 février 1856, et 16 août 1858, qu'il a mis au rang des améliorations à opérer dans la commune, la reconstruction de l'église succursale. Obligée de supporter les charges de la propriété, il serait bien étrange que la commune ne fut pas admise à en exercer les droits.

C'est d'ailleurs un principe certain que les immeubles ou portions d'immeubles affectés par le propriétaire à un service public entrent dans le domaine municipal. La destination qu'ils reçoivent et l'usage qu'en fait le public, sans opposition, tiennent lieu de titre.

Vous pouvez d'autant moins contester le principe que, par votre délibération du 15 avril, vous l'avez reconnu dans les termes suivants : *« les terrains destinés à la nouvelle église et l'édifice lui-même deviendront propriété communale, à raison de leur destination »*.

---

(1) La jurisprudence des cours est conforme à cette interprétation. Nous nous bornerons à citer cinq arrêts des cours de Poitiers, Grenoble, Limoges et Paris, en date des 20 février, 19 décembre 1838, 9 janvier, 3 mai 1836 et 11 février 1851. Voir aussi dans le même sens, Leber, code municipal, page 466, et l'annotateur des décisions du Conseil d'Etat, recueillies par le Journal du Palais, à la date du 31 janvier 1838.

9

Il est difficile de concilier votre négation imprimée avec votre aveu écrit et surtout avec vos engagements de 1839 que nous allons vous rappeler.

L'église de la Mulatière fut commencée en 1829 et achevée en 1835 avec le produit de souscriptions particulières, sous la direction de deux commissions successives composées de MM. Bernard, Gerin, V. Henry de Bellevue, Pernet, Brac de la Perrière, père, Bouillon, Nicot, Paul de la Perrière, avocat, Vully et Louis Millioz (1).

Cette église fut érigée en succursale par ordonnance du 15 février 1839.

Le 10 juillet suivant, les membres des deux commissions souscrivirent et signèrent deux déclarations conçues dans les mêmes termes, qui furent déposées le 14 du même mois, à la mairie, dans une séance du Conseil municipal, et transcrites sur le registre dans les termes suivants :

« Nous déclarons abandonner, en faveur de la commune de Sainte-Foy, le droit de propriété que nous avons sur l'église de la Mulatière ainsi que sur les terrains environnants....; sous la condition expresse qu'elle ne pourra jamais, à quel titre que ce soit et pour quel prétexte que ce puisse être, changer la destination de l'église de la Mulatière et des terrains qui en dépendent. Cette destination est de servir comme succursale à l'exercice du culte catholique, et tout changement qui serait apporté à cet état de choses devrait être considéré comme annulant l'abandon que nous en faisons en ce moment. »

Les conditions apposées par les fondateurs de l'église doivent être une loi inviolable pour la commune et les habitants de la succursale qui en profitent.

Vous avez dit, p. 5, de votre brochure, qu'il y a de nombreuses circonstances où il ne serait ni raisonnable ni possible de s'arrêter devant *des considérations de cette nature*.

Ce ne sont pas de simples considérations ; c'est une obligation morale et civile d'accomplir les conditions des fondations.

(1) L'édifice est éclairé au midi par des fenêtres, en vertu d'une stipulation du contrat d'acquisition du terrain.

Elles ne peuvent être modifiées ou changées qu'avec le consentement des fondateurs ou de leurs successeurs. Telle est la jurisprudence (1).

Vous ne paraissez pas disposé à respecter vos propres stipulations, et M. Gerin celles de son père ; nous avons d'autres sentiments. C'est pour nous un devoir et un droit d'en demander l'exécution. En vain dites-vous que dans un temps nous avions consenti au déplacement de l'église. Tel n'a jamais été notre avis, lors même que la majorité du Conseil de fabrique, dans l'oubli du lien qui s'y opposait, croyait pouvoir le faire.

Il n'y a qu'un cas où la destination de la fondation pourrait être changée ou modifiée, c'est celui où il y aurait impossibilité de l'accomplir au lieu assigné. Ce cas n'existe pas ; la forme et l'étendue du terrain communal n'apportent aucun obstacle à la construstion d'une église plus vaste.

Lors des conférences sur l'étendue convenable d'une nouvelle église, les fabriciens étaient d'accord sur les dimensions de 34 mètres sur 14, produisant une surface de 486 mètres, triple de celle de l'église actuelle. Si aujourd'hui l'on propose d'étendre l'édifice à 38 mètres 90, c'est pour se ménager un moyen de de critique contre l'exiguïté de l'emplacement. Cette extension n'est point nécessaire.

Vous avez dit que l'église de *Pierre-Bénite* a 38 mètres 90 centimètres de longueur. Une mensuration exactement faite, pour vérifier votre assertion, a donné pour résultat 33 mètres 45 centimètres de longueur, dans œuvre et 13 mètres 25

(1) Il est dit au répertoire de jurisprudence, V° Fondation, « que la fondation ne peut pas varier ni changer le lieu où le service doit se faire. »

On lit dans la collection de Denisart que les descendants des fondateurs peuvent contraindre les fabriques à faire tout ce qui est prescrit par la fondation.

« On doit exécuter littéralement scrupuleusement, dit M. Diculin, *Code des curés*, p. 191, toutes les volontés exprimées dans les titres par les fondateurs.......... Ce n'est qu'autant qu'elles seraient impossibles ou contraires, soit à la raison, soit à la morale ou à la religion, qu'il y aurait lieu de ne pas les remplir. »

centimètres de largeur. Dans ces dimensions, la reconstruction de notre église, peut sans difficulté avoir lieu sur l'emplacement communal ; il n'y a donc pas lieu à son déplacement.

II.

Y a-t-il lieu d'acquérir les terrains proposés pour la construction d'une nouvelle église ?

Les motifs qui ont fait rejeter les propositions de vente et d'achats au nom de la commune, sont applicables au cas où la fabrique persisterait à vouloir les acquérir pour son compte.

La commune est intéressée à ce que la fabrique ne fasse point un faux emploi de fonds, parce que tout ce qui serait dépensé inutilement retomberait à sa charge. Sous ce rapport, elle a droit de demander qu'avant de faire aucune dépense pour une entreprise très-importante, la fabrique soit tenue de produire des projets complets et des devis estimatifs, en conformité de l'art. 45 de la loi du 18 juillet 1837.

« La loi, disait le savant rapporteur, ne peut contraindre la commune à suppléer à l'insuffisance des revenus de la fabrique, sans lui donner le droit de *surveillance et de critique*, propre à prévenir des *dépenses abusives.* Quand l'insuffisance est déclarée, il n'est plus temps que la commune recommande l'*économie* ; il ne faut pas que le mal ait éclaté pour y porter remède. »

Ainsi l'Administration municipale a le droit de dire aux fabriciens : « Vous avez conçu de grands projets que vous n'avez indiqués que par une simple esquisse ; nous ne pourrons les apprécier que lorsque nous les connaîtrons par des projets complètement étudiés, accompagnés de plans, de devis et de sous-détails estimatifs. Jusqu'alors vous ne pouvez, par des acquisitions imprudentes, donner un commencement d'exécution à une entreprise dont les conséquences peuvent être désastreuses. A votre point de vue, rien ne sera trop coûteux, emplacement, constructions, embellissements ; tout doit être sur une grande échelle. Vous ne considérez ni la pénurie des ressources communales, ni l'exiguïté des vôtres. Vous n'avez pas même à votre disposition les capitaux nécessaires pour acquitter les prix des terrains que vous voulez acquérir ; du moins vous n'en justifiez pas. En supposant que vous les ayiez, ce serait une dépense abusive que le législateur nous invite à prévenir, car lorsque vous aurez réalisé vos projets d'acquisition, que ferez-vous de terrains improductifs, puisque vous n'avez pas des ressources pour faire face à la dépense de construction, et que la commune n'en a pas de disponibles ? »

A ces considérations, le Conseil municipal en ajoutera sans doute de nouvelles, sous les divers rapports de l'art et des finances, lorsqu'il pourra examiner vos plans ou projets, dans leur ensemble et dans les détails. Nous attendrons aussi leur production pour y joindre nos propres observations. Quant à présent, nous nous bornerons à réfuter quelques-unes de vos assertions.

Le déplacement de l'église est, suivant vous, *indispensable, parce qu'il y a un grand avantage à le faire.*

Ce raisonnement nous paraît peu logique. De ce qu'il y aurait avantage à ce déplacement, il ne s'en suit pas qu'il soit indispensable ; un avantage n'est pas une nécessité. Or, nous avons dit que la situation actuelle de l'église, est une condition imposée par les fondateurs, que sa destination doit être perpétuelle, et qu'elle ne pourrait être changée que par les motifs d'une nécessité impérieuse.

Toutefois, voyons quels sont les prétendus avantages que vous faites valoir.

1º *L'église dans le terrain Maurié serait plus rapprochée du centre du bourg de cent mètres.*

Nous croyons au contraire qu'elle en serait éloignée de plus de deux cents mètres, et en voici la preuve : Pour parvenir de la grande route au point où serait le seuil de l'église, il faudrait gravir les lignes courbes et droites du chemin tracé par l'agent-voyer, ayant une forte pente et un développement de 173 mètres, plus 10 mètres au moins d'esplanade au devant de l'église, soit 183 mètres, qui équivalent au double parcouru sur une ligne horizontale ; il en résulte que le prétendu rapprochement de 100 mètres serait au contraire un éloignement de plus de 200.

2° *L'abord en sera facile et bon, soit pour les piétons soit pour les voitures.*

Un chemin tracé en lacets ou en lignes droites, à 4 mètres de largeur et 10 ou 12 centimètres de pente ne serait bon et facile ni pour voitures, ni à pied. Les personnes vigoureuses ne pourraient gravir sans peine des rampes aussi pentives, ou monter un escalier de 116 marches. Comment les personnes faibles ou âgées en viendraient-elles à bout ? L'accès ne deviendrait-il pas impossible dans les temps de neige ou de glace ?

3° *L'édifice sera admirablement situé sous les rapports de salubrité, de l'aération, de l'aspect et du silence.*

Ces conditions existent pour l'église actuelle à un degré égal ou peut-être supérieur ; il n'y a donc pas d'avantage à changer d'emplacement.

4° *Les talus du chemin plantés d'arbustes offriront un coup d'œil agréable.*

Un agrément qu'on peut se procurer partout ailleurs ne saurait motiver un déplacement qui entraînerait une énorme dépense. Sérieusement, est-ce là un avantage qui puisse justifier l'atteinte à des droits acquis ?

5° *Les dépenses autres que celles de la construction de l'église elle-même seront très-modérées.*

Nous allons démontrer le contraire. Vous avez atténué tous les chiffres ; nous ferons d'abord observer que la discussion sur la question financière est prématurée puisqu'il n'a été produit ni projets réguliers, ni devis général, et qu'en indiquant une petite partie des dépenses extraordinaires vous avez passé les autres sous silence.

Le développement du chemin à lacets, que l'agent-voyer a calculé à 173 mètres, obligerait de reporter l'édifice plus loin et

plus haut à l'ouest, par conséquent d'acquérir un excédent de
terrain, d'environ 1,000 mètres ; ce qui porterait le prix de l'acquisition de 12,750 fr. à .... 16,560 f.

Les murs de clôture, sur une longueur de 167 m.,
et une hauteur de 4, formeraient un cube de 334 m.,
vous n'en évaluez la dépense qu'à 1,200 fr., elle s'é-
lèverait, à 12 fr. le mètre, à...................... 4,008

Prix d'acquisition de la parcelle du chemin de fer. 800

Les droits de mutation, frais de contrats, de purga-
tion, d'hypothèque, quittances etc., au lieu de 500 fr.
seraient d'environ.............................. 1,800

Les murs de soutènement des premières rampes
du chemin ont été évaluées par le voyer à........ 6,896

Vous avez oublié les travaux des autres lignes du
chemin, environ............................... 3,000

L'escalier indiqué par le premier projet, et les
murs de soutien, de 116 marches................. 5,000

Les déblais et transports de terre.............. 3,000

L'excédent des frais de transport des matériaux
pour l'église et les autres constructions, à la hauteur
de 18 mètres 48, évalué par les hommes de l'art à 8,000
____
49,064

Vous déduisez sur les dépenses extraordinaires, calculées à
votre guise, 9,000 fr. pour le prix de la vente du terrain communal et 1,000 fr. pour la valeur des matériaux de l'église ; ces
déductions ne doivent point avoir lieu, puisque le Conseil municipal n'entend ni vendre le terrain, ni démolir l'église.

Vous parlez du prix auquel pourrait s'élever la parcelle de
terrain de M. Gerin, s'il en était exproprié. Nous avons été constamment d'avis que l'église peut-être reconstruite sur le terrain
communal, sans cette annexion. Vous en avez d'ailleurs exagéré
la valeur, ainsi que la dépense d'un mur de terrasse le long du
chemin communal ; vous l'évaluez à 10,000 fr., tandis qu'elle
ne s'élèverait pas au quart de cette somme.

Ainsi pour atténuer les vices de votre emplacement, vous réduisez à 11,300 f. les dépenses extraordinaires qu'il entraînerait, tandis qu'elles s'élèveraient probablement à 49,000 fr.

Vous élevez celles du terrain communal à 23,500 fr., tandis qu'elles peuvent se réduire à moins de 2,500 fr.

Ainsi les prétendus avantages du terrain Maurié se convertiraient en dépenses énormes que l'on peut éviter.

En toute vérité, nous n'y voyons aucun avantage ; nous n'y trouvons que des inconvénients qui ont été signalés par le Conseil municipal : ils consistent principalement dans son élévation, sa déclivité, et l'interdiction de faire aucune construction sur la parcelle qui joint la grande route.

1° ÉLÉVATION. Le premier avant-projet de chemin ne la portait qu'à 14 mètres ; le second, dressé par l'agent-voyer, reconnaît qu'elle est de 18 mètres 48 cent.

Le premier projet indiquait un escalier qui aurait dû se composer de 116 marches, le second ne s'en occupe pas, parce que l'étude du voyer se bornait au tracé du chemin. La fabrique pourrait sans doute supprimer la construction de l'escalier, mais supprimerait-elle la hauteur à gravir ?

2° DÉCLIVITÉ. Cette disposition du sol le rend peu propre à recevoir un grand édifice dont la longueur serait dans le sens de l'inclinaison. Tous les architectes en conviennent. M. Dieulin, dans son ouvrage sur l'administration temporelle des paroisses, dit en propres termes, p. 258 : « Il faut bien se garder de bâtir une église sur le versant d'un coteau, à cause de la grande humidité dont elle serait constamment imprégnée. »

L'accès en serait difficile et pénible, soit par un escalier de plus de 100 marches, soit par un chemin à lacets, de 173 mètres de longueur.

3° Interdiction d'élever aucune construction sur la parcelle de la Compagnie du Chemin de fer, parcelle qui, située sur un tunnel de ce chemin, ne présente aucune solidité, et qui a été crevassée plusieurs fois par les secousses du passage souterrain. Cette instabilité, avérée par les stipulations, rend impossible l'établissement du chemin à lacets et des murs de soutien. Inutilement, avez-vous dit, que le tunnel ne passe que sous un point de la parcelle ; l'interdiction n'en existe pas moins sur toute son étendue. On a ajouté qu'il n'est pas interdit d'y pratiquer un chemin ; oui, pourvu qu'on ne le surcharge pas par des constructions, ou autrement.

Vous n'avez pas été heureux, convenez-en, dans le choix de cet emplacement. Mieux vaut s'en tenir à celui que possède la Commune.

Nous avons la confiance que l'autorité supérieure ne prononcera qu'après une instruction complète, et qu'elle appréciera tous les droits, la situation financière des deux administrations et les considérations d'intérêt général.

PEYRET-LALLIER.   PUPIER-GARIN.

La Mulatière-lez-Lyon, le 27 août 1860.

LYON, AIMÉ VINGTRINIER, IMPRIMEUR.